EL BARCO DE TESEO

Ginés Aniorte

EL BARCO DE TESEO

CALLE DEL AIRE
RENACIMIENTO

www.editorialrenacimiento.com
POLÍGONO NAVE EXPO, 17 • 41907 VALENCINA DE LA CONCEPCIÓN (SEVILLA)
tel.: (+34) 955998232 • editorial@editorialrenacimiento.com

Diseño de cubierta: Marie-Christine del Castillo
Ilustración de cubierta: Detalle del Vaso François, *c.* 570 a. C.

DEPÓSITO LEGAL: SE 227-2022 • ISBN: 978-84-19231-05-5
Impreso en España • Printed in Spain

«Puesto que el espíritu tiene el privilegio de escapar de la vejez, le aconsejo con todas mis fuerzas que verdee, que florezca mientras pueda, como el muérdago en un árbol seco».

Michel de Montaigne

A MODO DE PRÓLOGO

TODA la vida haciéndote la corte
para que, de entre todos los que te aman,
me eligieras a mí y fuera yo
aquel al que malcrías y prefieres,
al que mimas y ofrendas la gracia de tu nombre
en una excelsa copa
que a los labios pudiera llevarme por beber
la preciosa ambrosía de la fama,
y tú, ajena a mi afán, a mis antojos,
ignoras mi deseo, el entusiasmo
que he puesto siempre en seducirte,
y delante de aquellos que hoy son mis contendientes
me afrentas y me miras
por encima del hombro.
No te importa, lo sé,
el daño que me hacen tus agravios.

Toda la vida, sí, buscando tu cariño,
trayéndote a mis sueños,
creyendo que pensabas en mí y que tu desdén
se debía a que andabas confundida,

tomándote tu tiempo, enamorándote
poco a poco de mí, de la firme promesa
que mis versos encarnan,
                                        y yo, qué tonto soy,
todavía esperando a estas alturas
a que tengas a bien considerarme
el más hondo y mejor de tus discípulos,
jurándome que un día seré aquel
que, contigo y cogido de tu brazo,
pueda al fin exhibirte
al pasear por plazas y avenidas
y frecuentar selectos salones donde eres
la reina que veneran los avaros
del verso que cotiza en los periódicos.

No pude soportar tanto descrédito
y afrentas y deshonra,
                                        que, de malas maneras,
me dejases de lado y rehusaras mi canto.
No pude tolerar tu menosprecio,
la ofensa que supone que tanto subestimes
mi empeño por tener tu protección
y al cabo me repudies, de tu brillo me apartes,
me arrincones,
                    me humilles.

Sé que piensas que soy un egoísta
y que espero de ti un trato de favor.
¿Acaso es eso impropio de esta época

en que hay que defenderse a toda costa
del rival envidioso,
                                y el que no corre vuela,
y cada cual pelea por lo suyo?

Así que, relegado a ser uno entre muchos
–harto ya de aguantar
el modo en que me expulsas del Parnaso–
y viendo cómo a otros –¡no sé qué ves en ellos!–
les hablas al oído y les das lo que piden,
aquello que, sin culpa y sin vergüenza,
por norma a mí me niegas sin rastro de rubor,
perdí la compostura, me vencieron los nervios
y te llamé promiscua, libertina,
deshonesta, mundana, desleal,
y todos los insultos que encontrar pude entonces
no fueron suficientes
para apagar el fuego de mi ira.

Despechado, me fui –hace más de diez años–
por ver si mi abandono
te hería lo más mínimo,
y buscando consuelo recosté mi cabeza
en el extraño y frío regazo de la prosa
por ver si tú, celosa
–ya sé que estas rimas te hacen daño–,
me rondabas de nuevo
y me echabas en falta.

La intrincada cuestión
que viene a trastornarme todavía
es que te quiero solo para mí,
y mataría, sí, no te exagero,
por que conmigo solo quisieras desposarte
y junto a mí vinieses
donde nadie pudiera descubrirnos.

Cuando oigo jadear a mis contrarios
y, rendida a sus brazos, advierto tu sofoco
y escucho, trastornado, tu avivado resuello,
me llevan los demonios y a Dios pido
que se pudran contigo bajo tierra,
que el olvido y las sombras se los traguen.
Te llamo entonces puta y luego me entristece
hablarte así de mal,
no puedo remediarlo.

¿Es mucho que te pida que solo a mí te ofrezcas?
¿Tan poca cosa soy que no he de merecer
que vistas mis poemas con tus mejores galas?
¡Por el amor de Dios, podré pagarte!
No te arrepentirás, te lo prometo,
si a mí solo me brindas el Misterio que eres.

Sabré darte placer.
He de volverte loca, te lo juro.

Sea yo por una vez tu favorito.

«Entonces, por fin, las palabras sinceras salen del corazón, cae la cáscara y queda el hombre».

LUCRECIO

BRINDIS

POR el amor que ardió y hoy me regala
el veneno mortal de sus cenizas.

Por las nubes que pasan y, en su vuelo,
se llevan la esperanza que me queda.

Por los sueños que reptan, expulsados,
como Eva y Adán, del paraíso.

Por la luz de la tarde que en mis ojos
imprime su renuncia y su nostalgia.

Por cuanto naufragó y se me devuelve
a las costas del mar que es la memoria.

Por los que ya no están y cada noche
duermen a nuestro lado y nos cobijan.

Por la rosa que ayer me cautivara
con la magia y la luz de su artificio.

Por el cetro de un reino que descubro
encallado conmigo en esta orilla.

Por la herida que se abre si deseo
lo que al cabo la edad me va negando.

Por el pájaro aquel que, en la mañana,
cantaba y no sabíamos oírlo.

Por el alba que vende baratijas
a un experto del oro y los diamantes.

Ha vuelto la poesía con sus lutos
y su sombra me auxilia y me redime.

Bienvenido sea el don que me descubre
brindando por las lágrimas del tiempo.

ACEPTACIÓN

El tiempo que hoy te asiste bien parece
la luz de una acuarela que se esfuma,
de tan difusa y leve.
Se diría
que la tarde se apaga entre tus versos
y que va la esperanza diluyéndose
en los brazos serenos del pasado.

Todo lo cubre el velo de la melancolía
y hace la desmemoria su nido en el silencio.
Aun así, no te quejas de tu suerte.
Desde siempre auguraste que tu sino
era este y lo aceptas resignado.

Que tu vida se apoya y balancea
entre ensueño y vigilia lo confirman
los tonos desvaídos del paisaje
en los que abreva el alma, libre al fin
del lazo con que atan las pasiones
que espolean y acaban sometiéndonos.

Que en la sombra que avanza sepas ver
la tierra prometida:
ese lugar
donde campa a sus anchas el olvido
y se aúnan concordia y mansedumbre.

SEÑORÍO

Ya no hay pinos ni almendros que en febrero florezcan
emborrachando el aire con su aroma,
ni olivos ni algarrobos
–esos árboles sabios que parece
que nacieran ya viejos y cansados–
en cuyos troncos las hormigas se afanaban
por llevarse la luz
al silo subterráneo de su reino.
Entre sus ramas no se resguardan los pájaros,
y los campos cuajados de amapolas
sobre los que aparecen –cuando cierro los ojos–
el aljibe y la higuera
que velaban la casa donde nació mi madre,
se pueden recordar únicamente.

En su lugar, surgido de la nada,
se erige un instituto con palmeras
donde anida el futuro,
y hay chalets adosados y piscinas
a las que vienen hoy las nubes a mirarse
por soñar mi destino,

y calles asfaltadas
cual lápidas de mármol ceniciento
que entierran la memoria
del niño que fui yo
y sobrevive aún entre sus ruinas.
Hay un parque con ruedas y columpios
–parodia del jardín que era el mundo entonces–,
impensables escenas que nunca pude figurarme
porque la infancia aquella
nada tiene que ver con el presente.

A veces me imagino corriendo por los predios
de los años ya idos,
como formando parte de un paisaje
sin lindes divisorias que el paso me cortaran,
y mi pecho se colma de preguntas.

Dónde está aquella edad,
dónde el trino armonioso de los mirlos
y el dulce galopar sobre los sueños,
el bastón de mi abuelo trasegando la hacienda
–guardián de sus confines–,
aquel correr sobre las aguas del río de la vida
sin vislumbrar el mar al que conducen.
Dónde el canto agorero del mochuelo
anunciando la muerte, el miedo a los fantasmas
y la ancha alegría
al fresco de las noches de verano
persiguiendo el claror de las luciérnagas.

Y luego, en torno unos de otros
en la absoluta oscuridad, mirando, conmovidos,
el brumoso camino de Santiago
rubricando los cielos,
las risas y las cháchara,
mientras el canto de los grillos
ponía música de fondo
a quien narraba historias muy antiguas
que tanto me inquietaban.

Se superpone aquella vida sobre esta otra
tan falta de misterios,
tan sobrada de claras evidencias,
y regreso a los días que en mis manos
pusieron el caudal de sus tesoros,
cuando todo era eterno
y el tiempo, embelesado, andaba siempre
detenido en sí mismo.

Nostalgia de una época más alta por sencilla.
Dónde estarán los que se han ido, dónde.
Es el pasado un canto de sirena.

Ni una señal de aquello permanece,
y el peso de los muertos nos hace más pequeños.

Pero no todo se ha perdido.

Mi corazón conserva en su latir
el eco, aunque difuso, de cuanto ayer brillara,
y aquí lo pongo ahora, al alcance de quienes
cerca de mí transitan
y vivieron conmigo.

BÉCQUER

DESDE el ángulo oscuro en el que escribo
intuyo las tupidas madreselvas
recubriendo los muros y el balcón
por el que me asomaba yo a la tarde
esperando, impaciente, a que llegasen
a anidar las oscuras golondrinas
tal como tú me habías prometido.

Qué importa si son otras las que vuelven
por brindarme el refugio de su canto
y al menos me procuran su presencia
–me he dicho cada vez que te leía
y ansiaba el cumplimiento de tus versos–.
Si otra sombra se ciñe a mi camino,
qué importa si él ya nunca ha de volver.
Y a esa vana promesa me acogí
confiando, resignado, en el retorno
de sus negras siluetas danzarinas.

Y aun manteniendo alerta mi deseo,
no han venido, no vienen, no vendrán

por más que tú volvieras a afirmarlo,
pues, aunque regresaran, no podrían
con sus alas llamar a los cristales
–cubiertos, como están, por la enramada–
ni mis ojos verán colgar sus nidos,
mis ojos que no ven sino por dentro.

El tiempo ha desmentido tu pronóstico.

Creer la profecía de tu rima
resulta delirante.
                              A estas alturas,
con el balcón tapiado, ciego al fin,
de poco ha de servirme que tú aciertes
y vuelvan tus errantes trotamundos
y en mis sueños yo oiga su trinar
si de estar solo nada ha de librarme.

Qué fácil es dejar, Gustavo Adolfo,
una puerta entreabierta a la esperanza.
Qué fácil engañarse cuando tienes
la edad que tú tenías al pensar
que habían de venir para salvarnos:
apenas treinta años y la fe
del que tiene la vida por delante.

REBELIÓN

Yo iba en ese tren desmemoriado
–que es costumbre y rutina de los días–,
como uno más de tantos pasajeros
que leen por distraerse o se abandonan
al fluir silencioso del paisaje,
de algún modo abstraídos,
                                        hechizados
por el ruido envolvente de la máquina
que tira de nosotros y nos lleva
a no sabemos bien qué precipicio.

Fuera de mí iba yo,
abismado en asuntos que en nada me conciernen
porque atañen tan solo a las alturas,
esas cosas del cielo y de su espacio
que estudian los astrónomos
y son indescifrables acertijos
que nos dejan atónitos si entramos en detalles.

Desde hace mucho tiempo me impresiona
la danza sorprendente y matemática

de los cuerpos celestes y sus hondos enigmas,
y me han encandilado los satélites
que orbitan religiosamente en torno
a sus idolatrados planetas.
Se diría
que por alguna antigua e insondable razón
los honran venerándolos,
como hacen los padres con los hijos
y a veces, si son puros, los amantes.

Luego hay también planetas que dan vueltas
alrededor de alguna estrella, satisfechos,
aunque ellas por norma los ignoran
e, infieles a la entrega de aquellos que les brindan
el baile de su eterna adoración,
rara vez proporcionan el calor necesario
que da paso al prodigio que es la vida
y acaban proscribiéndolos al frío o los abrasan,
como le pasa a Venus,
que semeja el Infierno aquel de Dante.

No conozco ningún satélite o planeta
que se haya declarado en rebeldía
negándose a orbitar y a someterse
al dominio que ejerce todo astro,
abandonando así su trayectoria,
ganando la preciosa libertad
y eligiendo otra ruta que le hiciera
–sin lazos ni ataduras–
descubrir la amplitud del firmamento.

Iba yo en ese tren
y en esos pensamientos sumergido
cuando, de pronto, me soliviantó
un brusco pensamiento que dormía
como duermen los muertos en sus tumbas.
Y alcanzado de un modo fulminante
por la luz de una estrella imaginaria
que ha reinado en el mundo de mis sueños
y en torno de la cual
–rendido a su dudosa incandescencia–
he girado sin pausa desde niño,
por fin me desperté como lo hace
aquel al que le arrojan mientras duerme
un jarro de agua fría.

Y cuando el tren, silbando, transitaba
a gran velocidad la curvatura
del tiempo que se pliega sobre sí,
yo me quité la venda de los ojos
y sin pensarlo, a ciegas todavía,
me dirigí a la puerta y, con lo puesto,
abandoné mi órbita.
Y salté.

AUGURIO CUMPLIDO

PAPÁ, he vendido el huerto
que recibí en herencia cuando tú me dejaste,
el que canté hace mucho en un poema
que así empezaba:
El huerto está encendido
de olivos y de rosas.
La higuera luce la hermosura
que la habita y el níspero en sazón
pende del cielo azul y huele…

Que ese cielo azul me recrimine
por la ofensa que acaso te provoco,
pero, tú, perdóname.
La verdad es que sin ti
el huerto es un reflejo desvaído
que en nada se parece a aquel de entonces,
cuando eras su guardián y custodiabas
las lindes de tus sueños
que en él cobraban vida.
Los naranjos, la parra y las palmeras
mantenían el talle y la esperanza
y, sin embargo hoy, tras tu abandono,

qué vacío y qué ausencia de deslumbres
en los tímidos brotes
y en las hojas sin lustre de los árboles
que lloran su orfandad
                                        en silencio y a solas.
La hiedra que cubría la alambrada,
el rosal trepador y el jazminero
–echándote de menos, faltándoles el mimo
de tu mera presencia–
se fueron agostando hasta secarse.
El canto con que obsequia
la cigarra al verano no es el mismo,
ni el aire que respiro cuando voy
tiene el aroma aquel que a ti debía.
Los pájaros lamentan el declive,
que ya nadie transite sus senderos
mirando aquí y allá, por si hace falta
aplicarse al cuidado que la tierra requiere.
Por más que riegue y are solo veo malas hierbas.
Ya no insuflas tu aliento a los olivos
ni acaricias sus ramas,
                                        no los miras
y por eso se niegan a dar fruto.

Sin el eco entrañable de tus pasos
todo adquiere un semblante melancólico
que contagia al que llega
buscando tu memoria entre las sombras
que por doquier dan cuenta de tu rastro.

Qué ruina me dejaste.

Como ves, se cumplió
mi augurio cuando dije:
Vendrá un día
en que el alma rendida de mi padre
ofrende al cielo cuanto supo,
y la savia del huerto
que anida en él, secreta y bulliciosa,
se mustie para siempre
porque ya no habrá luz al faltarle su amo.

Perdido ya, papá, lo que era tuyo,
de mi pecado aquí dejo constancia,
mas te brindo estos versos
por si fuera posible compensarte
y borrar de algún modo el menoscabo
que a tu orgullosa estirpe yo he infligido.

Me consuelo pensando que mi pluma
es ahora el reverso de tu azada.

Para ti esta última cosecha
que recoge mi mano.

ENTELEQUIA

¿Y si al fin la memoria fuera también ficción
y no existió aquel día
que te trae su luz cuando cierras los ojos?

¿Y si la noche aquella y su embeleso
en medio del verano
fuese tan solo cábala, invención de ti mismo
o de un Dios sin escrúpulos
que miente por negar la pantomima
de la que es artífice
y, en resumidas cuentas, no quiere que descubras
que solo eres fábula y humareda, la cáscara
de un mundo hueco y vano?

Qué importancia tendría
–si mi corazonada fuera cierta–
que mis recuerdos sean la novela que el tiempo,
aburrido de ser tan solo eso, tiempo,
ha escrito por piedad
para hacer que me enrede en la trama de un mundo

que es pura fantasía y representa
el borroso argumento de mis sueños.

Qué extraña conjetura
la que apunta a que nunca estuve vivo
y que tan solo soy el lector impasible
del libro que Otro escribe.

QUIÉN FUERA

Quién fuera un ánfora de barro
que guardase agua fresca, aceite, vino,
o en la mañana hiciera resonar
el eco de la voz de quien se asoma
a mi vientre que espera ser colmado.

Quién fuera la fragancia que desprende el romero
solo por deleitar al caminante,
la lluvia que promueve las cosechas,
el árbol que protege del sol en la canícula,
la moneda que compra los deseos,
el agua que nos lava los pecados,
la llave que pudiera abrir todas las puertas,
el anillo que signa un compromiso
y una nota en la escala del jilguero.

Quién fuera la sandalia que calza a los descalzos
por confiarles las sendas de este mundo,
el pozo del que beben los beduinos,
la espátula en la mano del pintor,
el cuchillo que corta el pan de cada día,

la isla que cobija a quien naufraga,
el viento en que se apoya la cometa
y la estrella que orienta al desnortado.

Como quien no se basta siendo él mismo,
ser siempre aquello que proporciona refugio,
lo que abarca y complace, lo que otorga.

Necesitar del otro para ser.

Encontrar en el otro mi sentido.

TEMPUS FUGIT

En la frente de todos
                                        –como grabado a fuego–,
más visible en aquellas que muestran sus arrugas,
puede verse muy clara la advertencia,
no en letras a la vista,
sino en velados signos que un buen observador
–cualquiera que atendiese a las señales
con que el mundo previene–
vendría a traducir por *TEMPUS FUGIT*,

salvo en la frente de los niños
que luce clara y limpia.

Protectora,
                        en el vientre de la madre,
la esperanza –que niega el infortunio–
les borra tan obscena confidencia.

CONVERSIÓN

En otro tiempo amé cosas distintas
a estas que hoy me ocupan y me hacen descubrir
que ya no soy el mismo,
aun pareciendo aquel de entonces.
Eran días colmados de milagros
en que todo afloraba sin dudas ni misterios
y, hechizado por tórridos placeres,
pensaba que la aurora era inmortal
y que yo estaba hecho a semejanza suya.

Lanzado a la aventura, a correrías,
tal un cometa errante y desbocado
hice acopio de luz,
creyendo que la luz puede guardarse
como se guarda el fruto en el granero.
El cielo era el espejo en que yo me miraba
e, inexperto en las artes de la vida,
perseguía las gracias terrenales
–con los cuerpos brillando siempre al fondo de todo–
y a ellas, sin medida, me confiaba,

cediendo a los caprichos
de mis turbios sentidos.

Y luego, ya confuso,
cuando teniendo alas era yo menos libre
y seguía el impulso de la carne
–promesas que pasaron como nubes–
y sin hambre y sin sed
acudía a las fuentes que el deseo nombraba
para aplacar el ansia del joven que no entiende
que del exceso nace la pobreza,
de pronto descubrí que había sido desterrado
de aquel reino de luces simuladas,
y supe que mi alma se erigía
sobre endebles cimientos,
que la paz y la dicha anidan en lo oscuro.

Han pasado los años
y, desprovisto ya de lo que es inútil,
como el monje al silencio
y a la oración callada de la noche,
me entrego yo a la hondura
de esta soledad que reconforta
y sobre mí proyecta el mundo.

Y alejado de todo, sin esperanza casi
–o dicho de otro modo: con la esperanza justa
para no malograrme–,
recorro los caminos

que van por dentro y llevan
al lugar de salida, a aquel principio hueco
que da la mano y es
el concluyente abrazo que nos salva.

GUEPARDO

QUÉ extraña y turbia sensación
la del guepardo viejo y melancólico
al que le duele el lomo,
                    enfermizo y baldado,
echado bajo un árbol, muerto de hambre,
viendo a unos pocos metros
–bajo un sol implacable que estimula
la ambición imposible de su presa–
la gacela de líneas seductoras
y ondulante perfil que resplandece
tan esbelta y airosa, tan siempre apetecible,
aderezo sin par de la sabana,
pastando distraída, fingiendo indiferencia
y abismada en su mundo,
enteramente a tiro.

Y qué honda desazón la del guepardo
al descubrirse herido por el tiempo,
sin el brío que ayer lo distinguió,
                              perdida
la agilidad vibrante de sus patas,

tan veloces que a él
le parecían alas capaces de surcar el ancho cielo.

Qué deshonor, qué afrenta mirar para otro lado
–hundido en la desgana–,
cabizbajo, negar el ardiente apetito
y adentrarse en la calma ilusoria del que entiende
que nada puede hacer sino aceptarse,
mientras ve que el gusano
de la acuciante hambruna lo amenaza.

Quién fuera tan astuto y perspicaz
que pudiera mirar a la gacela
y verla ensombrecida,
plagada de defectos,
sin gracia y sin encanto
que lograse hechizar a quien la observa
porque intuye su carne correosa e insípida.

Quién pudiera decir, como la zorra:
no la quiero comer, no está en su punto.

PAJARILLO

En la tormenta, un pájaro en la noche
yendo de rama en rama, enloquecido,
el corazón a mil por los relámpagos
y los truenos que braman y estremecen la bóveda
bajo la que él traza,
con signos ilegibles para el hombre,
el destino de todos,
                    su destino.

Pero nada es eterno.

Acaba la aflicción cediendo a la alegría
que al cabo siempre viene a rescatarnos,
y, pues toda tormenta
discurre hacia la calma, qué importa el alboroto
de la Naturaleza cuando se es tan joven
y sus alas prometen
alcanzar la mañana en otro vuelo.

No así conmigo.

SUBASTA

MALVENDO todo aquello
de lo que soy aún beneficiario
y a la vez ya no es mío.
Todo a precio de saldo, remate de estos días.

A quien puje más alto se lo entrego;
dese prisa quien pueda estar interesado.
Va a ser visto y no visto:
las gangas duran poco en mis manos abiertas.

Sé de un oportunista caprichoso
que, rápido, aprovecha la ocasión.
Usurero, insaciable, acaudalado,
coleccionista obsceno de nostalgias.

Todo lo compra el tiempo.

PERRO SIN AMOS

En la mesilla que hay junto a mi cama
–como si fueseis ángeles que custodiáis mi sueño–
tengo yo vuestras fotos
enmarcadas en noble madera de raíz,
y a veces me pregunto si no será mejor
desprenderme de ellas, negarlas a la vista
y guardaros por siempre allí donde se guardan
las cosas que queremos recordar
y a la vez entregarlas al olvido
porque lastima y duele su memoria.

Frente al sofá, y en otra mesa
donde la mayoría de los días
suele haber en un vaso algunas flores,
por no teneros lejos nunca
hay copias de esas fotos
                                        y, si os miro,
diría que respondéis a mi mirada
del modo en que responden quienes se saben cómplices
de afectos e infortunios.
Acostumbro a encender aromáticas velas

que, al titilar, me dicen de vosotros
y de alguna manera dulcifican
la pena que soporta el desterrado.

Me pregunto por qué me rodeo de muertos
y busco en ellos lo que no me dan los vivos.
Qué me aportáis, decidme, sino vacío y ruina
y falsas esperanzas.
                                        Qué sois sino ficción,
el delirio de aquel que fantasea
y vive de tinieblas y aflicciones.
Si nunca volveréis y nunca habré de hallaros,
qué gano yo rondando vuestra sombra,
                                                            qué espero
atado a vuestras voces todavía.
¿Soy un perro encerrado en una casa
que aguarda con paciencia, inútilmente,
el regreso imposible de los amos?

Si me paro a pensar y reflexiono
–yo, que soy racional hasta el hastío–,
qué absurdo me resulta pretender
nutrirme del espíritu mentido que encarnáis
y parece que llena las estancias
donde están vuestras fotos
                                                cual rescoldos
calentando el invierno de mi vida.

Ay, Muerte, por qué engañas a los desamparados
y nos vendes el humo de la ausencia
haciéndonos creer en los fantasmas.

A veces, en la noche y a solas, mientras leo
o vago en mis afanes,
en mi alma oigo pasos que me turban
y luego me parece escuchar el murmullo
de una llave que intenta abrir la puerta
que separa este mundo de aquel otro.
Me sobresalto entonces,
y al perro se le eriza el lomo y se estremece
pensando que son ellos
                                        que vienen a decirle
que, mientras él decida recordarlos
y tenga los retratos al alcance
de sus ojos, jamás estará solo.

Qué cosas más extrañas dice este, pensaréis.

Comparto vuestro juicio,
                                        mas sabed que hay misterios
que, por naturaleza, no pueden descifrarse,
enigmas que se apoyan
en antiguas costumbres o en la fe
y aun así, sin mostrarse, nos auxilian.

Una gota de agua
despierta la ilusión en el sediento.

EL EREMITA

Qué grata esta mañana de dulce primavera,
a solas paseando, muy temprano,
sin prisas y sin rumbo, cuando muchos aún duermen
porque hoy es domingo.
                                        Viejas calles
donde reina la calma y un frescor
que barrunta el verano
animan al viandante, al eremita
que aprovecha la ausencia de los otros
para salir de la caverna en cuyos muros
–que son también las páginas de un libro–
contempla él las sombras
que proyecta la vida,
tal como la apetece y la disfruta.

Por el aire deambulan los vencejos;
las palomas zurean bulliciosas
en la plaza con vistas al pasado,
y el mundo, de repente, lo fascina
y lo empuja a la luz o lo regresa
a los tiempos aquellos en que todo

era igual que lo es hoy
y, a la vez, tan distinto.

Se pueblan las terrazas de festivos aromas,
y el cielo –espectador de esta alegría
secreta y confiada, cómplice del deleite
con que todo se brinda a quien lo busca–,
tiñe las sombras de su azul
y en ellas, en silencio, hace su nido.

Con qué poco es dichoso el eremita.

Qué poco cuesta ser feliz a veces.

Y qué bien entender y darse cuenta
de que también hay vida más allá de la suya.

FIGURACIÓN

OJALÁ –pienso, a veces, extraviado
en absurdos y vanos pensamientos–
cuando llegue la hora de entregarme
al abrazo postrer de la Fortuna
me diera el cielo la oportunidad
de morir siendo el niño que ayer fuera,
y de ese modo irme sin sombra ni quebranto
porque todo estuviera por venir
y nada haya perdido todavía.

Miraría a los ojos de la Muerte
con la inocencia propia del que todo lo ignora
y tiene el alma incólume
porque la vida aún no le ha mostrado
los tesoros que en préstamo concede,
porque a quien no le dan nada le quitan.

Ojalá en ese último momento
de este mundo supiera
tan solo de su luz y de su tacto,
de un deseo impoluto, de su aroma y su música,

y no fuese consciente del asombro
que entraña estar en él
porque, ignorando su valor,
no temería yo al olvido.

En ese engaño nada perdería
y, sin embargo,
qué tristeza y qué pesar,
qué clara sinrazón
que ese niño no llegue a ser el hombre
que llora, abandonado,
desde la alta torre de un castillo
en ruinas devastado por el tiempo,
mientras contempla la miseria
del reino que era suyo.
Qué pena que el sentido de su vida
no se alce de pronto, victorioso,
sobre ese infortunio, y en la abyecta indigencia
–la mirada bien alta,
exhibiendo su orgullo–
pudiera celebrar sin sobresalto
la grandiosa ventura de haber sido.

POETAS

El poeta que es sordo y se obsesiona
con oír una música imposible.
El poeta que huye de sí mismo.
El que afila palabras y, al hacerlo,
va cortándose el alma y se desangra.
El que canta al espejo que es la nube
y aquel que en las palabras ve diamantes
cuando son oropeles, fruslerías.

El poeta que siente que es la onda
que se expande infinita sobre el tiempo.
El poeta que es ángel y es demonio.
El que cierra los ojos para verse
mejor entre la fronda de lo oscuro.
El que al cabo se ahoga en sus preguntas
y ese otro que exhibe, presumido,
la marca que en su frente es un estigma.

El poeta que sabe que lo ignoran
y aun así va diciendo lo indecible.
El poeta que acusa a quien le entiende.

El que siembra los campos con sus sueños
y obtiene por cosecha malas hierbas.
El que cree que su voz es la de todos
y aquel que vive al borde del abismo
y por salvarse emprende un falso vuelo.

El poeta que sueña con milagros
y se descubre andando sobre el agua.
El poeta que invierte en su miseria.
El que en vez de enfrentarse a su destino,
temeroso, se enfrenta a un folio en blanco.
El que busca el aplauso de los ciegos
y ese otro que, inmóvil, es de bronce
y acaba conversando con palomas.

El poeta que, estoico, desenreda
las vendas de la momia que es él mismo.
El poeta que muere en el intento.
El que cree reinar y es un vasallo
sometido a las musas que lo explotan.
El que vive de cuentos y esperanzas
y aquel que es una flor y tiene miedo
de no llegar jamás a ser un fruto.

El poeta que busca en el ocaso
el malogrado fuego de su origen.
El poeta que es rico siendo pobre.
El que ve que del cielo cae una estrella
y se sabe homicida por mirarla.

El que intenta alcanzar lo que no es suyo
y ese otro que, enfermo, tiene fiebre
y a todos lo transmite y lo celebra.

El poeta que no tiene valor
para negar la ruina de su canto.
El poeta que es sombra de una sombra.
El que dice «¡dispárame!» y así
respira, tras el tiro, por la herida.
El que es un fantasma y de él se asusta,
y aquel al que le inquieta ser un río
y se aferra a su voz endecasílaba.

El poeta que siente que ha pecado
y a solas se flagela con sus versos.
El poeta que finge que es poeta.
El que anda hacia atrás y se figura
que va a cumplir los sueños ya perdidos.
El que se nombra rey de la memoria
y ese otro que, herido, ya no vuela
porque incuba sus versos bajo el ala.

El que escribe este libro, el que os apunta.

ENERO

He podado el rosal y el árbol flor de pascua,
cuando aún ofrecían al invierno
el rojo desvaído de sus pétalos,
y apenas dos semanas más tarde están brotando
los flamantes retoños que se erigen
en busca de la luz que cae del cielo
y prometen traer las mismas flores
que la eclipsada tarde rememora.

Milagro de la vida es renacer
de las ruinas, después de un tiempo breve,
con tan vivo entusiasmo.

Quién pudiera talarse cuando llega el otoño
y ver crecer de nuevo
los sueños esmeraldas de aquella juventud.

Quién pudiera volver a ser el que fue un día.

DUDA

Con los años me asaltan la duda y el recelo
de que, después de todo,
sea yo el que ande perdido, equivocado,
y no esté de mi parte la razón,
de que al fin nada sea como pienso
porque, inconsciente y turbio, haya vivido
–orillado en el tiempo y en la luz–
en el más garrafal de los engaños.
¿Será cierto que, al fin, son los demás
–en contra de lo que he creído siempre–
los que en su mano apresan el pájaro inequívoco
y yo, imprudente, me confío
a la escena infructuosa
de ver ciento volando?

Tal vez, estando ciego,
perciba de la vida su lado más palpable,
el menos esencial y trascendente,
y la envoltura impida ver el fruto
que en su centro cobija la certeza.

Descubro, con los años, que ya todo es posible
y que acaso soy yo el que no sabe ver
el mundo en su contexto,
que la pura sustancia de las cosas
no se halla en ellas mismas
sino en la tenue sombra que proyectan
y llega tan allá
que mi vista se pierde al alcanzarla.

Así que nada sé, estoy confuso
y, llegado a este punto, me limito
a calmarme,
                    poner en orden mis ideas
y escribir un poema que, en verdad,
pida perdón por ser tan bobo y tan ingenuo,
si acaso fuese cierta mi sospecha,
cosa que dudo.

PRIMER DOMINGO DE MAYO

Este domingo insulso
que en vano me hace guiños y amenaza
con verter sobre mí su desamparo,
se empeña en recordarme
–a mí que nada olvido–
que mi madre murió y ya no gozo
de su grata presencia, de la música
que había en sus palabras,
de su gracia y su afecto
y del modo en que, al cabo, presintiendo el final,
sus ojos se apagaban dando luz a los míos.

Y así, como quien no se da por enterado
–porque en el fondo cree que puede defender
que su madre no ha muerto
mientras él siga vivo y en su pecho la guarde–,
piensa que quizá pueda escribir un poema
y traerla consigo esta mañana
e insuflarle la vida con sus versos,
como si al ser poeta –lo mismo que el Creador–,
al soplar sobre el tiempo este le devolviera
al menos el rescoldo de una brasa muy viva.

¿Acaso la poesía no consigue hacer magia
logrando que lo oscuro, al cantarlo, deslumbre?
¿No es verdad que es labor de quien escribe
fraguar una ficción
y conseguir que un páramo se torne paraíso
al infundir aliento
a lo que solo es fábula?
¿Por qué no ha de enfrentarse a la tristeza
que pretende arrasar el alma toda
si está a su alcance el modo de abatirla?

Convencido de ello, coge papel y lápiz
y sale a pasear en busca de algún banco
donde poder sentarse
e invocar a la suerte.
                                        La dicha de los otros
acrece su quebranto, pero insiste,
no se da por vencido.
Respira hondo, cierra los ojos por hallar
aquello que a los ojos no se ofrece
y surge de repente, entre neblinas,
la alta llamarada
de lo que ayer fue nuestro, y es entonces
cuando, de todos los naufragios que atesora el pasado,
retorna a su memoria
aquel prodigio de la infancia,
en las noches de invierno,
cuando su madre, antes de acostarse
–centinela del faro de su vida–
hasta su cama iba a darle un beso.

Irrumpía en el cuarto de repente,
no sin cierto alboroto en sus modales,
aspaventera y dulce
como una miel que embriaga todavía,
llamándole su rey, reverenciándolo.
Remetía las mantas con esmero
para que el frío y la humedad
no pudieran filtrarse hasta su carne
de frágil querubín, arrebujándolo
y ciñendo las sombras a su cuerpo,
con su voz abrigándole,
                    y a él le parecía
que lo ataba a la orilla de su falda
como quien ata un barco a su ribera.

Qué lejos queda todo,
y hoy echa de menos aquel frío
que su madre encubría,
templando el corazón del niño que la amaba.
Los recuerdos le dicen
que aquellos eran años de estrecheces.
¿Qué tenía él entonces? –se pregunta
ahora que el destino le hace ver
que todo y nada viene a confundirse–.
No sabría decirlo, pero piensa
que, inconsciente del sueño que vivía,
era dueño del mundo sin saberlo.

De entre todas las armas que esgrime su memoria
no hay otra más terrible
que llegue al corazón y lo penetre

como la cruel ausencia de la madre
que esta mañana eclipsa la luz que cae del cielo.

Rendido, se da cuenta de que, al fin,
no consigue su lápiz transmitir el calor
al fantasma que es
la silueta ilusoria de los muertos,
porque acaso no sea lo bastante poeta
para obrar el milagro.
Se sabe fracasado en su propósito
por devolver la forma a las cenizas
y, aun así, como si alguien
acercase su dedo hasta la llaga
para ungirla de cálida saliva,
encuentra cierta paz en estos versos
que no logran salvarlo,
mas calman el dolor
de una extraña manera.
                                        El dolor y el pesar
que en el poema fluyen como el río que busca
desesperadamente
el mar que nos asiste y nos redime
al legarnos el reino del olvido.
Ese mar que pretende abolir toda pena
y borrar nuestro rastro
como una madre última,
                                        la madre
que jamás abandona
y a bien tiene ampararnos
en la hondura insondable de su seno.

PLEGARIA

En este siglo adicto a la mentira
tan escaso de sueños verdaderos,
donde el mal se confunde con el bien,
la inteligencia abdica en favor de los bobos
y depone sus armas la cordura,
que un cataclismo venga a rescatarnos
y todo recupere la armonía,
el valor, la prudencia, el equilibrio.

En este mundo adorador
del Dios visible –así llama al dinero
nuestro admirado Shakespeare–
donde un *influencer* o un político
hipnotizan al vulgo y lo convierten
en recua de fanáticos adeptos,
seas siempre tú, Poesía, el estandarte,
insignia de alienígenas, apátridas
y exiliados nostálgicos que aguardan
el regreso del juicio y de la honra.

Y que tu luz despierte a los dormidos
para ungirles de nuevo con tu don
y al fin se reconcilien con la vida.

Que otro gallo más lúcido nos cante.

SANTUARIO

Sin ilusión, sin fe y sin certidumbres,
contemplando las cosas de otro modo
por estar contra el mundo,
                                        en desacuerdo
con aquello que el cielo brinda hoy,
va el peregrino en busca de un altar
al que ofrendar la luz de su memoria,
por ver si en ese ofrecimiento
fructifica su vida en los que lleguen
cuando él se haya ido.

Exiliado del reino de los suyos,
se confía a la suerte del que ya nada espera.

No pide nada y nada viene a dar
que no entregara antes.
Él viene a despedirse no sabe bien de quién,
                                                            de qué.

Quizá a desentenderse.

O a emboscarse en sí mismo.

EL BARCO DE TESEO

Soy la suma de todas mis acciones,
pero también aquello que mi padre
puso un día en mis manos siendo suyo.
Los abrazos que no supimos darnos
y la esquiva mirada con que a veces
pretendía expresarme su cariño
hoy me ofrecen sus frutos encubiertos.
De mi madre he heredado la zozobra
que viene cada noche a condenarme
y el afligido don del abandono
que se instala a menudo entre mis bienes.
De todos los desmanes con que el cielo
eclipsó mi inocente juventud
sobresale la muerte de mi hermana
–rebosante de lutos–,
el tsunami
que movió los cimientos de la vida
y me ancló para siempre al fondo de ese tiempo.
Desde entonces fue todo muy distinto.

No olvido el sufrimiento que añadió
mi orientación sexual y la secreta

y despiadada lucha que mantuve
con el mundo y conmigo
por miedo a que los otros me mostrasen
su implacable desprecio y su aversión
y en mi frente marcaran la señal
que a los míos pusiera en evidencia.
La azarosa fortuna y la justicia
han logrado que hoy los responsables
de que yo me sintiera desterrado
–ilusos que pensaban que sus genes
jamás se infectarían de este mal–,
tengan hijos o nietos maricones.
Nadie escapa a la suerte que el destino
nos tiene adjudicada,
recordadlo.

Y por si fuera poco, traigo aquí
–efecto del espanto y el desvelo
que vuestro pensamiento me infligía
tal un juez que, sin pruebas, me acusara–
la infinita vergüenza del muchacho
que hubo de afrontar sus tics nerviosos
y que un día intentara suicidarse
con haloperidol,
remedio triste
con que él mitigaba sus desgracias.

Pues si bien soy el barco de Teseo
que, en aras de mi bien y de mis lucros,

al fin ya no es aquel que fue
porque ha ido cosiendo sus heridas,
con paciencia enmendando sus errores,
restaurando sus viejos desperfectos,
convirtiendo la sombra en esperanza
y adecuando su esencia a nuevos usos,
a los míos y a otros debo yo
al menos la mitad de cuanto tengo.
No olvidarlo jamás,
yo no lo olvido.

Porque soy, sobre todo, la memoria
que maneja los hilos del presente.

DISCORDANCIA

No por intuir que este tiempo
tenía que llegar ha llegado más tarde.

Atisbar el destino nos acorta la vida.
Presentir el mañana nos despeña a sus brazos.

No saber más que del instante ciego
que ahora nos acoge:
esa es la clave y el prodigio.

Mirar el cielo y no ver más que azul,
no hay otro secreto.

No hurguemos más allá de donde alcanzan
los ojos que se dejan deslumbrar
por aquello que el día nos concede
sin cáscara ni velos que lo encubran.

Y que el presente sea el río que nos lleva,
mas sin saber qué es un río
ni a dónde se dirige.

ENREDO

Que la noche me invada y, sin embargo,
mi sombra se guarezca en su negrura.

Que toda negación me aguijonee
por avivar la brasa de mi credo.

Que decir y callar fuera lo mismo
porque mi voz se aloje en la memoria.

Que en la contrariedad vislumbre yo
la avenencia que un día fue su germen.

Que la vida y la muerte confundieran
el tránsito que hay entre sus orillas.

Que cuando digo voy, yo oyera vengo.

Que cuando digo adiós, tú me esperaras.

NATURALEZA MUERTA

Ya nada me pregunto.

Como el vaso del cuadro –con su rosa–,
las uvas, las ciruelas y la liebre
que muestra el bodegón
y es copia de este mundo
–su mortaja–,

respiro, duermo, soy
aquel que se abandona a los cuidados
que presta la desidia
y se pliega a los brazos de un deseo
que aspira a ser olvido.

Acojo como emblemas
el silencio y la nada
y dejo que el barniz de la melancolía
me confiera esa pátina brumosa
con que impregnan los años.

Ya nada me pregunto,
pues la vida se ofrece
con su luz más precisa.

Cansado de saber,
me incorporé a la escena,
                                        me incluí
en el botín del tiempo que todo lo atesora
y, engreído, me exhibe
a modo de trofeo.

Sea yo su recompensa y el laurel
con que adorne los días por venir.

Sea yo también el apercibimiento
de aquellos que se excluyen de la estampa.

QUIMERA

PASAN la rosa, el tiempo, la andadura del río
que fluye a la deriva, consciente de su curso.
Pasa la noche y todo lo que trenza su sombra.
Pasan el día y los milagros
que su luz nos ofrece.
Cruza una estrella el cielo
de tus ojos y pasa como pasa mi pluma
sobre el papel, desenterrando voces.
Pasan la lluvia, el viento, la nieve y el amor,
el beso descosido de tu boca,
y pasan los veranos,
ardiendo, pero pasan.
La muerte también pasa, aunque de incógnito.
Pasan la risa, el desconsuelo,
la juventud y el árbol
colmado de sus flores
y sus frutos.

Al cabo todo pasa.
Menos yo, que persisto.

REVÓLVER

Me da un vuelco la sangre,
                                        el corazón,
al encontrar la foto en una caja
de esas que, a menudo, guardan algún veneno
enredado entre libros,
notas sueltas con versos, recortes de periódico,
amuletos que ayer me dieron suerte,
caducados carnés de identidad
de quienes ya no están conmigo.
Y de pronto, comprendo que esta foto
–no muy bien enfocada– es un revólver
en las manos del tiempo
que ahora son mis manos.

Tenemos treinta años aproximadamente
y reconozco la terraza
de un bar que ya no existe,
muy cerca de la playa que tanto veneramos
y que anegó de azul
aquellos años fieles, tan dichosos.
Cuajados de promesas

están tus ojos y los míos,
y en la breve sonrisa que ofrendamos
a los altares de la tarde
se trasluce el augurio que hoy se cumple.

Hay en la foto algo siniestro
que nunca antes vi
y que ahora, al mirarla, me revela
la silueta de dos espectros que agonizan
varados en el mar caliginoso
de la melancolía.

                    Entonces, menos mal,
tan faltos de experiencia y sensatez,
no sabíamos que un día, aunque vivos los dos,
ya no estaríamos juntos.

                              Preciosa juventud
que a espaldas del destino
al porvenir apuesta cuanto tiene,
sin saber que el destino
es la banca que al fin lo gana todo
y expolia sin escrúpulos
a aquellos que, imprudentes, se confían a él.

CENTRO DE DÍA

Con la ceniza de los años, agua y sombra
hace sutiles pétalos la anciana
en el centro de día.
                                        Es una rosa turbia
la que nace, ilusoria, de sus dedos.
Una rosa de luz mortecina y muy frágil
que se acerca confiada a la nariz
para aspirar el aire de los suyos.

Cierra entonces los ojos,
respira aún más hondo y regresa a aquel tiempo
que protege la luz de la memoria
y se mantiene a salvo del olvido.

Y complacida al fin de su trabajo,
la pone, esperanzada, en el viejo jarrón
que es ella misma.
                                        Y sueña.

LA CASA FAMILIAR

La casa en la que ayer vivimos juntos
–origen de este río en que navego–
definitivamente se ha cerrado
después de que mis padres, indiscutibles líderes
de la tribu que fuimos,
                                        hayan muerto.
Allí donde nacimos y la vida
fue vida con nosotros,
allí, en el frío suelo abandonado
que nadie pisa ya,
se refleja la historia
que dice de los míos y proyectan
las ensoñadas nubes de su techo.
Tomada por el tiempo y la nostalgia
que todo lo atesoran,
                                        por sus cuatro costados
la umbría y la humedad se reproducen
lo mismo que las ratas del submundo,
lo mismo que los sueños incumplidos.
Los fantasmas de aquellos que se fueron
rondarán a su antojo,

ahora enamorados de su sombra,
como un día hice yo,
como quizá es costumbre entre los vivos.

Cuando trazo estos versos estoy allí y me veo
arrullado en la nada,
                                        a solas con mis cosas,
rendido a los anhelos que atañen a los jóvenes
y escuchando los cantos del futuro.
Pero también allí subsiste, de algún modo,
la luz de los geranios que hoy revolotea
en la jaula que es siempre la memoria,
el aroma del pan recién salido
del horno,
                    la frescura
del agua del aljibe, milagro del verano,
mis palomas jugando con el aire,
las avispas rondando las uvas de la parra
–como otros rondaban su destino–
y el cuerpo amortajado
de la que fue mi hermana –y lo es todavía–,
como flor olorosa que no cuajara en fruto.

Quedan allí el trasiego y los afanes
de quienes, sin decirlo, se quisieron,
y, apagadas, resuenan las risas y las lágrimas,
emblemas del pasado
que levanta su reino sobre el polvo
y pervive incrustado en las paredes

y en el aire viciado que respiran
las larvas y los ácaros,
la carcoma y acaso los ratones
que han hecho de la ruina su morada.

Quedan también las páginas en blanco
en las que no escribimos,
las veladas pasiones,
                                    las cautelas,
los grandes ventanales por donde entraba el cielo
y, si presto atención, puedo escuchar
los pasos que anunciaban
la presencia callada de mi madre
–guardiana de la noche y de los sueños–
y se advierte, muy leve, el eco de su voz
que solo puedo oír si estoy muy triste.

La sed de eternidad que anida en los poetas
consigue que regrese a aquella casa
–que a menudo confundo con mi pecho–
y de ella yo haga el estandarte
que porta el exiliado
mientras haya esperanza para él.
La fe que levantó aquel paraíso
mueve mi mano ahora, sobrevive
a tanto sacrificio y lo soporta,
hace frente a los años que olvidan nuestro rastro
y compone este altar para que conste
allí donde proceda, por los siglos.

Aunque los muros de la casa se derrumben
y en su lugar construyan
un flamante edificio de tres plantas,
en el espacio exacto que muestran estos versos
habrá siempre una llama titilando
que evoca a los que fuimos
–habitantes del sueño que es la vida–
y habrá también esta plegaria
que pide por los míos y a ellos se encomienda.

Se esfumarán la casa y el recuerdo,
mas quedará la gloria, aunque perdida,
con que el azar nos quiso distinguir
y por la que hoy
–si bien me sabe a poco–
me muestro agradecido.

CEMENTERIO

QUÉ hermoso pedestal es hoy este abandono
sobre el que se levanta el tiempo devastado.
Qué hermoso este silencio
donde la luz es ciega;
su muda algarabía acoge la oquedad
de cuanto ayer lució y hoy es ceniza
sublimada en el aire de la tarde.
Y aun en el silencio que me nubla
puedo oír el susurro de un río memorado,
raíz que el tiempo arranca de sí mismo
y con la que hace ahora
la gris enredadera del recuerdo.

Se siente, aunque difusa,
la brisa que deshace cuanto roza
y va añadiendo umbría
al polvo del poema que concibo.
Las rosas que he traído son memoria de un eco
y son también la cáscara
de un sueño enmarañado
que es vestigio del fruto que acogiera.

El pájaro que cruza sigiloso
el ensoñado cielo
rubrica con su vuelo el infortunio.

Aquí ya nadie es y, sin embargo,
todo está donde debe
                                        y permanece
en el borde abismado del olvido.

Me elevo hacia la aguja del ciprés
–que es delirio en la cima de este mundo–
como buscando el nido de la ausencia.

Y, alzado sobre todo, allí me quedo.

Para que de su sueño no despierten.
Para que nadie pise mis palabras.
Para que todo y nada se confunda.

TENTACIÓN

Y al abrir la ventana
muy temprano
para que un aire limpio oree la casa,
sentir la tentación
de escapar como un pájaro,
de no ser porque estoy
enjaulado en mí mismo.

NEXOS

La moneda que noche y día es.

Entre el amor y el odio, un hilo de agua.

Un pespunte separa cielo y tierra.

La muerte es el fermento de la vida.

En el fondo del pozo está la luna.

Agua y fuego se alían con el pan.

La sombra es sacrificio de la luz.

Simétricas, la nube y la raíz.

Quien se asoma a lo hondo vuela alto.

Donde se abisma el fin nace el principio.

La memoria es el péndulo del tiempo.

Quien abraza ya sabe de la pérdida.

Soy cómplice del sueño del gusano.

Algo une al estiércol y a la flor.

FARSA

A cierta edad, qué triste
descubrir el engaño
de este mundo que quiere hacernos ver
que cuanto en él destella se renueva
muy antes de que llegue a sucumbir.

Mentira que alimenta la ilusión
de que el río que vemos
es otro a cada instante.

Nada ha cambiado y todo sigue igual.

La misma abeja liba
en el mismo espejismo, que es la flor,
y a la miel que hace de ella
llamamos esperanza.

LAS ESTACIONES

Por más que yo eche en falta
el encelado trino de los pájaros,
no ha de volver la primavera
ni se abrirá en el cielo
esa flor amarilla que ya perdió sus pétalos.
Por más que mi memoria intente, con sus mañas,
seducir al verano
y yo abra la ventana por respirar su brisa,
no vendrá su fulgor para cegarme.
Por más que este poema
quiera barrer las hojas del otoño
haciéndome creer que han cesado sus vientos
y que el tiempo me da
a probar la quimera de sus frutos,
no van a derramar las comisuras de mi boca
los jugos de aquel sueño.
Por más que yo desee que se funda esta nieve
y se vaya este frío,
nada ha de trastocar las apetencias
del testarudo invierno, nada se moverá.

Las estaciones siempre han sido cuatro.

Y nunca se repiten,
                         no regresan.

ESTADÍSTICA

No sé de qué te quejas
si al cabo se han cumplido tus augurios,
si no ha pasado nada que no vieras venir,
nada que tú no vislumbraras
al fondo del camino.
No hables de traición ni mezcles a la ya
tan difamada suerte en tu fracaso.
No hay culpables en esto.

Con veintipocos años y en momentos de dicha
en que te descubrías coronado de gloria,
ya entonces –adivino de ruinas y abandonos–
pudiste imaginar el precipicio
al que tarde o temprano
había de llevarte la estrella que seguías.
En tus poemas más precoces
hablabas de un final que presagiaste,
y por eso fue menos luminoso tu reino.
Cuando eras tan feliz –aún lo recuerdas–
en tu pecho sentías la viva quemazón

que anunciaba la escoria de un futuro
que aún era promesa y estaba por arder.

El destino es reflejo del pulso aleatorio
de la fiable estadística
que puede predecir –sin desviarse un ápice–
el rumbo de los sueños,
el fatal cumplimiento de los planes
que dicta la Fortuna.
Ciencia pura y precisa es el azar,
la prueba que demuestra que no hay nada de insólito
en cuanto nos ocurre
                                        y que todo acontece
según lo establecido de antemano,
porque la matemática,
implacable, ejecuta sus preceptos.

Como la vida misma.

VERDUGO

Que la culpa fue mía,
                                        mío el atrevimiento
de dar un paso en falso, el despropósito
de llevar comodines en la manga,
y que es mía también la traicionera zancadilla,
el golpe inesperado, la ofensiva final.
Que admito mi perjurio, mi mal, mi ingratitud,
pues soy el impulsor de esta miseria.

Aunque sea lo contrario de lo que sucedió,
confundamos el día con la noche,
borremos la frontera que distingue
locura de razón, sensatez de imprudencia,
para que así lo blanco se haga negro,
acorde con los tiempos que vivimos
y propio del farsante que soy yo.

Diré, para que todos me señalen,
que en mi jaula encerré tus ilusiones,
que te obligué a cantar inalcanzables trinos,
que cuando te besé lo hacía como Judas
y que no supe verte desde tu ángulo.
Que he vivido ajeno a tus deseos,

que deserté de tus abrazos,
que no supe entenderte, en fin, que a tus necesidades
antepuse las mías,
                                        que con mis garras de felino
de mi pecho arranqué tu corazón,
que tus alas corté, que derroché la luz
que cual tesoro siempre acaparaste,
que pretendí domarte con mi látigo
y que hice de ti mi servidor.

Añado a las mentiras de tu amplio inventario
–para que así convenzan tus falsos argumentos
y puedas tú decir, si acaso te preguntan–
que extravié nuestros sueños y falté a mis promesas,
que, ajado ya el encanto de tu cuerpo,
me entregué a la poesía, te fui infiel,
que descolgué la luna de la noche
para que te enredaras en mi sombra,
que he incumplido los pactos
que firmamos después de cada guerra,
que he trastocado el orden de tu mundo
y que he prendido fuego a tu ambición.

Para que te consueles
–y puedas alejar todo atisbo de duda–,
sean las cosas así, como a bien tengas
precisar los detalles del derrumbe.

Sea yo el verdugo y tú, la víctima.

BOTÍN

Has cantado otras veces en tus versos
la dicha familiar,
aquellos días
de fiesta o de verano en que risas y copas
–en torno de una mesa ya olvidada–
mostraban el orgullo de su estirpe
celebrando la suerte de estar juntos.
Tan reservados siempre
–tal como nos habían enseñado
los mayores–, no era indispensable
expresar los afectos con palabras,
pues, aunque desiguales, de un mismo bosque éramos
maderas muy distintas
en una misma hoguera ardiendo.

Los padres, tus hermanas y tú mismo,
con el tiempo –que todo lo transmuta–
advertisteis que algo iba cambiando
conforme los retoños afloraban del tronco
y crecía el impulso de sus alas,
a su manera abriéndose camino

por la selva indomable de la vida,
colmada de amenazas y aventuras.
Y así nos descubrimos, extrañados,
en las piezas de un puzle que va descomponiéndose
y cada vez resulta más difícil unir.
Luego, desde la orilla de mis vanos deseos,
os hallé navegando en un mar tumultuoso,
cada uno –a su aire y a su ritmo–
persiguiendo ambiciones diferentes.
Y me desorientaba aquella fuerza
del viento que arrastraba vuestras naves,
mientras yo me quedaba rezagado
en aguas menos hondas, más tranquilas.

La imagen familiar hoy es difusa.
¿Qué no supimos ver? ¿Qué no hicimos a tiempo?
¿Qué preceptivos sacrificios
no llevamos a cabo?
¿O acaso esta indigencia, este abandono
es obra del destino ineludible
que impone su dominio y nos somete
y todo rectifica,
instaurando su ley
cual déspota que actúa movido por antojos?

Los sobrinos, que son
las verdecidas ramas del árbol ya mustiado,
han volado cual pájaros que siguen
el impulso entusiasta de su instinto

y en afanes contrarios a los nuestros,
también con hojas nuevas de otros árboles
–mezclando su sudor a nuestra sangre–
han alzado su nido en lo más alto,
allí donde mi mano ya no alcanza.

Han pasado los años y me veo
como una isla exigua y perdida en mitad
de un mar que no registra el mapamundi,
sin olas y sin pulso,
donde solo los náufragos que habitan el destierro,
enfermos de memoria y desabrigo,
viven buscando al fondo,
sobre la línea azul del horizonte,
las velas de algún sueño demorado
que a bien tenga librarlos del desánimo.

Los que no tienen hijos,
cuando mueren sus padres
–llevándose con ellos la lazada, rompiendo
el eje en torno al cual todos giraban–
arrastran su orfandad
igual que aquellos otros que fueron expulsados
de su amado y radiante paraíso.

Mas sabed que no vengo aquí a quejarme.

Siempre he sido consciente de esta realidad
que estaba por venir y desafiaba

lo mismo que la noche desafía a la luz
y consigue rendirla a su propósito.

Expongo mi pesar y hacerlo me conforta.

Siento que la poesía reconquista
los reinos que perdimos,
pues, aunque en apariencia
no me devuelvan nada las palabras,
estas me enredan en sus versos,
me seducen haciéndome creer
que me puedo enfrentar al tiempo y al olvido,
que el pasado al fin queda
sometido al embrujo de mi voz.
Y así –tal si mi pluma fuera capaz de obrar
el milagro imposible
de devolverme cuanto ayer fue mío–,
al escribir revoco mi derrota,
y de lo que es ceniza
                    yo hago mi botín.

RENDICIÓN DE CUENTAS

De qué ha servido todo lo que has hecho
y qué has sumado al mundo
para que el mundo note tu presencia
y, al fin, te considere
–en este último tramo de tus días–
merecedor de su custodia,
digno de estar entre los suyos,
entre aquellos que nombra y que señala.
Con qué has contribuido
a la gloria que todo ser le añade
y que él, complaciente,
devuelve con un trato ventajoso.

Viéndote hoy como te ves
y a decir por los logros y fracasos
que arrojan sobre ti un manifiesto déficit,
es normal que la vida
te ignore y te castigue
por ingrato –vasallo inepto y desleal–,
por haber elegido, de entre tantas maneras
de venerarla en pago a sus servicios,

este inútil oficio decadente
de decir lo que otros ya dijeron
con más tino que tú,
                                        con más belleza.

REGRESO

(Antonio Machado)

Era en este bancal –estoy seguro–
y este era el olivo de hojas verdinegras
y destellos de plata
al que venía yo cuando era pequeño
a buscar, sigiloso, entre sus ramas, nidos.

Hoy solo queda el tronco
agostado y sin vida que pueda percibirse,
tan deslucido ya que apenas si deseo
poner sobre él mi mano
por ver si me devuelve, aunque sea un instante,
el eco exiguo de lo que ambos fuimos.

Y aun siendo eso, un despojo del tiempo,
sueño yo por que, en contra de todos los pronósticos,
brote mañana de él
un retoño de aquello, un brote verde.

Aunque yo no esté aquí
para verlo y contarlo.

FE

Anda siempre la vida –como el funambulista–
sobre el hilo del tiempo.
A un lado está el abismo. Al otro, el mismo abismo
camuflado de falsa elevación.
A cada paso el mundo vibra, reta
a los pies que se afanan
en mantener la calma, el equilibrio,
y el cielo, temeroso del desplome,
contiene su agrisada y azul respiración.

Para aliviar el peso
van soltando sus pétalos los días.

Uno a uno.

Y cuando, al fin, la vida se convence
–cansada de aguantar tanta tensión–
de que es mejor caer,
                                        ya es una pluma
que se entrega al vacío

y, en contra de las leyes de la física,
no cae, sino que sube.

Caída inversa:
fe.

MORIBUNDO

CUANDO la Muerte llegue
no tendrá que esforzarse demasiado
al cumplir el penoso cometido
que la vida y el cielo le confían.
No se verá en aprietos
                                        y no habrá
de pasar el mal trago y la vergüenza
de mirarme a los ojos
mientras siegue mi aliento su guadaña.

El tiempo, sigiloso y diligente,
habrá hecho el trabajo que a ella corresponde.
Poco a poco me habrá desposeído
de los bienes que un día concedió
y a fuerza de derribos, acosos y desplantes,
–desbravado y caído ya en desgracia–,
me mantendrá en la sombra, apoyado en mí mismo
y apartado del mundo.

Y así, cuando ella acuda
presta a cargar la suerte, rematar su faena

y marcharse triunfal, como es su costumbre,
no tendré que cuadrarme ante la sacudida
que anuncie su llegada, pues estaré vencido
y en actitud de entrega,
                                        cabizbajo,
                                                        humillado:

la posición idónea
para llevar a cabo el descabello.

CANTAR DE CIEGO

Con el tiempo no ves
sino dentro de ti.

Para aquello que siempre
te mostraron los ojos
eres ahora ciego e insensible.

Y palpas en lo oscuro
y te deslumbra el tacto
de cuanto hoy se niega a la mirada.

Bendita sea la luz
que solo se descubre
cuando el mundo se eclipsa.

PADRE MÍO

PADRE mío que estás cobijado en el nicho
y entregado al reposo que mereces,
no quiera mi memoria
                                        –no lo permita nunca–
que yo olvide tu paso por el mundo,
tus prudentes y justas intenciones,
tu manera de ser y la valía
que siempre demostraste,
el febril entusiasmo con que afrontabas todo.
No ignore yo el empeño que pusiste
en ensanchar mi suerte
para que al fin tuviera un porvenir
tan distinto de aquel que el cielo te asignara
y, como tú, no me sintiera obligado a emigrar
y a separarme de los míos
para ganarme el pan de cada día
y la fe en el mañana.

Padre, por el que muestro yo mi orgullo,
glorificado sea tu nombre en estos versos.
Venga a mí la maestría y la experiencia

de tu sabia ignorancia, por la que digo hoy
que *recordarte es aprender*:
así lo hice grabar sobre tu lápida,
y ojalá tu deseo se realice,
                    la voluntad del padre
que anhela el bien más alto para todos los suyos.

Dame hoy tu agradable y lúcido recuerdo
con el que voy llenando el pozo de tu ausencia,
y perdona si alguna vez no fui
el hijo que esperabas, si no alcancé la cima
que siempre contemplaste desde abajo
tal como ordena la costumbre
a los desamparados de tu clase.
Perdona si mi sombra
a la tuya jamás se asemejó,
si no atendí tu huerto
–cuando tú no podías ya cuidarlo–
porque andaba ocupado en mis afanes,
y perdona, te ruego, sobre todo,
si no estuve contigo en tu hora postrera.
No es porque yo te abandonara
–quiero dejarlo claro–,
                    lo impidieron aquellos
a los que te entregué cuando andabas muriéndote,
creyendo que dejaba en buenas manos
el pájaro caído de su nido
al que te parecías esa tarde.
Basándose en su injusto protocolo

o en su fría indolencia
–porque quizá no había un corazón bajo su pecho–,
no fui yo quien cerró tus ojos azulinos
en la sórdida sala de hospital
donde te hallaste solo,
y todavía llevo ese puñal clavado
allí donde se aloja por siempre la aflicción.

Yo también te perdono –cómo no iba a hacerlo–
que nunca me enseñaras a abrazarte
y que tanto respeto me exigieras,
que no tuviera opción de compartir contigo
mi secreto más grande, lo que soy.

No me dejes caer en el error
en el que tú caíste al final de tus días
al darte por entero a la indolencia
y abdicar de tu reino
–del que yo era tu súbdito más fiel–,
y líbrame del mal
ahora que estoy solo, líbrame del fantasma
que es la inteligencia,
                                        del destino
que al cabo no es aquel que tú soñaste;
líbrame de la ruina y el estrago
que mis ingratos versos me procuran.
Líbrame de mí mismo, padre mío,
si acaso lo merezco y tú pudieras
interceder por mí,
si acaso me recuerdas todavía.

PÁJAROS

Y yo me iré. Y se quedarán los pájaros cantando,
predijo Juan Ramón,
pero yo agrego:
con ellos quedarán las sombras de otros pájaros
–que fueron hace mucho–
volando por el sueño de la tarde
cual fantasmas sin alas, por siempre enmudecidos.

Así lo siento ahora, después de que mi alma
destile el alborozo del trino que hoy celebro
y su júbilo al tiempo se adelante
volviéndolo fatal melancolía.

Maldita la costumbre
de hurgar en las entrañas del presente
para ver más de cerca sus misterios,
su turbio deterioro, el menoscabo
a que lleva este afán de ver en todo
el rastro que barrunta su ceniza,
y buscar el reverso de su brillo
allí donde la sombra contagia a quien la intuye.

Por qué si miro el mundo
veo tan solo el boceto de un cuadro irrealizable,
el envés de sus días, lo que aún es promesa
y se muestra marchito,
                                la penumbra
que nace de la luz
y desafina el canto de los pájaros
muy antes de que estos se pronuncien.

Quién fuera Juan Ramón.

MASCOTA

JAMÁS, que yo recuerde, he tenido mascotas.

El niño solitario que fui un día
buscó dentro de sí la voz imaginaria
que mitigara su aislamiento
y, aparte de los suyos y las huestes
de sus tantos fantasmas,
apenas si buscó la compañía.

Ahora, sin embargo, más solo aún que antes,
con frecuencia apetezco
la discreta presencia de alguien que, conmigo,
comparta el aire que respira
y, no hallando a mi lado sino mi propia sombra,
creo que un perro, por ejemplo
–al que ofreciese yo mis arrumacos
y él me devolviera
la cómplice ternura de su roce
y su ameno ladrido–,
podría ser la solución a mi requerimiento,

mi auxilio y el apoyo
que ofrece el que se alía en la contienda.

No me atrevo, no obstante, a dar el paso,
porque quizá no sepa yo atenderlo,
responder a sus dulces carantoñas
y, desacostumbrado como estoy
a ocuparme de nadie, me descubra incapaz
de adorarlo como él me adore a mí,
sabiéndome culpable y desagradecido.

Así que, desechada tan imprudente idea,
me quiero convencer –por contentarme–
de que acaso ya tenga una mascota,
por cierto, mucho más erudita y cortés,
si bien más desleal y olvidadiza
con las obligaciones que tiene con su amo,
y que, a falta de un perro
para el que yo sea el eje
de su mundo,
                    te tengo a ti, Poesía,
retozando a mis pies como una gata huraña
que esconde su recelo y no se da del todo.
Y aunque no me hagas caso
y te muestres esquiva
y me mires de reojo y te rebeles
y te vayas con otros
y vuelvas cuando gustes,
yo nunca te censuro, nada te recrimino,

porque aquí está el esclavo que te aguarda
sin pedirte más cuentas
que las que quieras darme.

Bien sé que algún día –cuando yo esté dormido
o entregado, quién sabe, al cumplimiento
de tus rectos propósitos–,
cuando menos lo espere,
te subirás de un salto a mi regazo,
me lamerás la cara, zalamera,
maullarás en mi oído con tus artes
de gata seductora que conspira,
y a traición, sin que yo
me pueda defender, en un plisplás,
me sacarás los ojos con tus garras.

Y entonces,
                    con pesar y arrepentido,
me acordaré del perro que no quise.

COMO A UN CLAVO ARDIENDO

Hacer de esta prisión tu paraíso
y, a solas con la noche y con tus versos,
entregarte al ensueño del mañana
–que apenas si vislumbra una promesa–
y a la callada luz de la memoria
que viene a ungir la herida del proscrito.

No hay dolor en la nube
que siempre está pasando;
no tiene por qué haberlo.
No hay duelo en ese sol que se traspone
tras de los montes últimos
ni fustiga el deseo que no puede abrevar
en las fuentes prohibidas de estos días.

Pues queda la esperanza de los otros.

Y a ella tú te agarras
como a un clavo ardiendo.

HUIR

SALIR de donde estoy
y correr, espantado,
sin saber a qué tiempo me dirijo.
Y darme cuenta de que nada está
lo suficientemente lejos
para perder de vista
la sombra que me sigue.
Que allá donde yo voy
me sigo tras de mí,
me vengo yo conmigo.

Y huir, huir
como única
manera de encontrarme.

TRES HAIKUS CON ALAS

CON la mañana,
ensayo general.
Coro de pájaros.

SUEÑA las cumbres
el pequeño gorrión.
¡Ya inició el vuelo!

SOMBRA en el muro.
El fantasma de un pájaro
mece la rama.

ÚLTIMA VOLUNTAD

QUIERO seguir así
—es mi intención—
frente al mar que sepulta mi conciencia,
contemplando sus aguas neblinosas
desde la oscura torre que es el faro
de este tiempo que habito,
ya tan lejos de todo y sin deseos.

Ciego y sordo me he vuelto por pura conveniencia,
y es en este remanso de sombra silenciada
—en el que hoy la vida se muestra a mis sentidos
con asombrosa y limpia confusión—
donde conmigo mismo me he encontrado
al renunciar a verme en los espejos.

Sin pretensión alguna ni preguntas
que busquen mi cobijo
me entrego a la inventiva
de proscribir la inteligencia
allá donde mis ojos ya no alcanzan.
No quiero distinguir lo blanco de lo negro,

pues aspiro a extraviarme en la grisura
que apacigua el embate de mis dogmas.
El cielo anubarrado me protege
de cuanto viene de lo alto
y suele exasperar a quien lo abraza.

Desde aquí yo os acecho y os convoco,
y espero que vengáis a visitarme,
pero sin artificios ni aspavientos,
con la docilidad que lo prudente y sobrio nos dispensa.
Poneos vuestras ropas más sencillas
y, si veis necesario obsequiarme con algo,
que a nadie se le ocurra traerme una manzana,
que aquí todo transcurre
                                        como en el paraíso.

Que sea una botella
de un vino que distraiga la memoria
–reservado tan solo a los que huyen
del dañino y agudo pensamiento–
por llevarme a los labios,
                                        con vosotros,
el recuerdo de aquello que dejé
manchado de razón y de experiencia.

No hay mayor protección que la ignorancia.
¿Hay destino más manso y apacible
que ser un vegetal entre la fronda?

Bebamos y miremos el mundo sin quitarle
las vendas que protegen sus heridas.
No hurguemos en lo oculto
ni abramos las ventanas a la luz
que acaba desvelando nuestras culpas.

Y bebamos,
                    brindemos,
sin pensar ni saber por qué brindamos.

AMBICIÓN

QUE al llegar a este último poema,
lector, como el que abraza –después de un largo viaje–
el gozoso cansancio que asiste al peregrino,
descubras que regresas de mis sueños
o que a mis sueños vas,
                                        que en tu mirada
se refleja mi suerte –que quiere prevenirte–
y, aunque sea en el rastro
que queda tras mis huellas, en mí te reconoces.
¿Tiene el poeta acaso otra ambición?

Que de algún modo puedas percibir
que el eco de mis versos
ha sembrado un claror en tu conciencia
y consiga orientarte si en la noche te pierdes,
ordenar tu pasado, desenredar tus pasos
–que transitan caminos iguales a los míos–
para que no tropieces allí donde caí,
para que no te atrevas a cruzar ciertos límites
de los que nadie vuelve indemne.

Después, cuando este libro cierres, guárdalo
donde se guardan los recuerdos
que no teniendo vida nos alientan,
y ojalá que en momentos de desánimo
–si un día te invadieran– lo tengas al alcance
y te llegue el calor de mis palabras
como una mano amiga que te guía
y, aun notando su ausencia, está contigo.

Así, cuando regreses a estas páginas
y sientas el impulso de mirarte en su espejo,
aquí estaré, a tu lado,
atento a tus sentidos, sigiloso,
compartiendo estas sombras y esta luz,
hablando como hablan los que saben
que un mismo río lleva nuestras vidas
y el mismo mar, al fondo, está esperándonos.

No me tengas en cuenta, te lo ruego,
si en mi voz hay enojo, nostalgia y pesadumbre,
mortal melancolía, para ser más precisos
–eso que un joven nunca podría comprender
porque es lección del tiempo y su experiencia–,
y ojalá, sobre todo, te interese
la posible belleza, cierta gracia
y la música
que mi pluma haya sido capaz de concebir.

No otra cosa busqué.
No otra cosa he querido yo entregarte.

«Señor, danos la paz de los deseos
satisfechos, de las vidas cumplidas».

Luis Cernuda

DEDICATORIAS

A modo de prólogo para Pepe Colomer.

Brindis para David López Sandoval.
Aceptación para Dionisia García.
Señorío para Inés Leal y Mateo Pintado.
Bécquer para Resu Franco y Juanjo Pellicer.
Rebelión para Antonio Garrido y Sandra Hurtado.
Augurio cumplido para Pedro López Martínez e Isabel Martínez Llorente.
Entelequia para Chema Mérida.
Quién fuera para Antonio Botías y María Teresa Torres.
Tempus fugit para Pascual García.
Conversión para Juan José Cerezo.
Guepardo para Katy Parra e Inma Pelegrín.
Pajarillo para Toñi Gutiérrez y Fina Ortuño.
Subasta para María José Iniesta y Mercedes Matás.
Perro sin amos para Nicasio Gallego.
El eremita para Eloy Sánchez Rosillo.
Figuración para Pepe Zafrilla.
Poetas para Antonio Nicolás y Mamen Piqueras.
Enero para José Manuel Piqueras Hernández.
Duda para José María López Ballesta e Isabel Rabal.
Primer domingo de mayo para Juan Gregorio Avilés.
Plegaria para José María Álvarez y Carmen Marí.
Santuario para Antonio Parra Pujante.

El barco de Teseo para Juan Alhama e Isabel Ruiz.
Discordancia para Gabriel Hernández y Concha Martínez Miralles.
Enredo para Mariola Llorca Vázquez.
Naturaleza muerta para Pedro Marín y Carmen Planes.
Quimera para Alicia Muñoz Álvarez.
Revólver para Pepe Rubio.
Centro de día para Alejandro, Conchi, Gregorio, Paquitín y Rafi.
La casa familiar para Javier Cano y Myriam Escribano.
Cementerio para Tina Zapardiel, *in memoriam.*
Tentación para Cristóbal Bolaños y Matilde López.
Nexos para Antonio Aráez e Isabel Moreno.
Farsa para Manuel Brescané y Merche Sánchez.
Las estaciones para Pedro Antonio Martínez Robles.
Estadística para Isabelle García Molina.
Verdugo para Carmen Gallego y Marisa López Soria.
Botín para Antonio de Béjar.
Rendición de cuentas para Pedro García Montalvo.
Regreso para François Franco y Carmen Rodríguez.
Fe para Mari Lasi Díaz.
Moribundo para Carmen Cantabella, y José Cantabella, *in memoriam.*
Cantar de ciego para Sebastián Mondéjar.
Padre mío para los sanitarios que trabajaron la madrugada del 12 de febrero de 2018 en la sala de Prehospitalización del hospital Virgen de la Arrixaca.
Pájaros para Mari Cruz Agüera y Manuel Gey.
Mascota para Carlos Gironés.
Paraíso para Antonio Parra Sanz.
Como a un clavo ardiendo para Robert Pocklington y Teresa Vicente.
Huir para Juana J. Marín Saura.
Tres haikus con alas para Juan José García Martínez.
Última voluntad para Juan José Almarcha Espín.
Ambición para Charo Guarino.

ÍNDICE

El barco de Teseo
de Ginés Aniorte
se terminó de imprimir
el 18 de febrero de
2022